Le divorce
expliqué à nos enfants

Stéphane Leroy
Patricia Lucas

Le divorce expliqué à nos enfants

Éditions du Seuil

ISBN 2-02-058512-X

www.seuil.com

A Malo, Nathan, Quentin,
Margot et Émile…

A Benoît C.

A l'école, chez les copains, le week-end, pendant les vacances, à Noël ou aux anniversaires, aux réunions de famille ou au spectacle de fin d'année, le divorce est là. Il est devenu si courant qu'on le remarque à peine en dehors du cercle intime. Et pourtant, les premier, troisième et cinquième samedis du mois, ce sont en majorité des pères que l'on croise aux sorties d'école. Le divorce pèse sur tous les événements quotidiens de la famille, impose à chacun son ordre un peu strict et règle ou dérègle actuellement la vie de plus de deux millions d'enfants en France.

Leurs questions, aussi embarrassantes que pertinentes, laissent facilement les adultes sans voix, tant elles touchent à des sujets complexes, douloureux et profonds. Comment ne pas s'embourber dans ces histoires d'amour, de disputes, d'espoirs et de déceptions, lorsqu'on s'adresse à ses propres enfants ?

Ceux-ci savent que le divorce est un sujet qui fait mal. Ils évitent de poser des questions lorsque la situation est brûlante. Ou bien alors ils s'arrangent pour en faire un feu d'artifice, lorsqu'on s'y attend le moins. L'expérience nous a appris que les réponses les plus sincères sont aussi les plus rassurantes, qu'il ne sert à rien de forcer des questions qui ne viennent pas. Chaque âge et chaque enfant ont leur rythme, leurs interrogations et leur façon de les exprimer. Faut-il le rappeler ? Face à un chagrin ou à une angoisse, un câlin tendre vaut toutes les explications du monde.

Ce livre rapporte les discussions que nous avons eues avec nos enfants, et notamment avec les aînés, trois garçons âgés de seize, quatorze et douze ans.

Avec les deux plus jeunes, âgés de neuf ans et de cinq ans et demi, nous formons depuis quatre ans une famille recomposée. Aucun de ces enfants n'est issu de notre union. Mais, au fil du temps, des liens puissants se sont noués entre eux et avec nous.

Précisons que ce dialogue fut ponctué de nombreux éclats de rire, ce qui paraissait difficilement envisageable trois ans plus tôt…

Choisir sa vie

– Je viens de réaliser que, dans ma classe, la moitié des enfants ont leurs parents séparés. Crois-tu que ce soit pareil dans toutes les écoles ?

– Dans un grand nombre d'entre elles, oui. De nos jours, un couple marié sur trois divorce. Un sur deux dans les grandes villes. En France, on estime que plus de deux millions de mineurs ont leurs parents séparés.

– Deux millions !

– C'est un chiffre impressionnant. Pourtant, il englobe des situations difficiles à comparer. Contrairement à ce qu'on en dit souvent, le divorce n'est pas une catégorie précise, qui permettrait de classer les gens et de les ranger dans une boîte. Il n'existe pas, d'un côté, les enfants de parents unis, et, de l'autre, au sein d'un groupe différent, les enfants de parents divorcés. Chaque famille a son histoire, ses problèmes, sa façon de s'organiser et représente un cas particulier.

– Il me semble qu'autrefois, dans l'ancien temps, on ne divorçait pas autant…

– C'est vrai… Les divorces se sont beaucoup développés à partir des années 70, il y a une trentaine d'années.

– Pourquoi ?

– C'est une longue histoire… Disons, pour commencer, que le divorce fut interdit pendant des siècles et qu'il fallut encore plusieurs dizaines d'années, après son autorisation, pour qu'il soit accepté. Tu n'as pas idée du nombre de discussions, de batailles politiques, de lois adoptées puis supprimées qui auront été nécessaires pour faire admettre cette idée pourtant simple : un homme et une femme mariés qui ne parviennent plus à mener une existence commune ont le droit de poursuivre leur vie chacun de leur côté, voire de se remarier s'ils le désirent.

– On ne peut tout de même pas forcer des gens à s'aimer !

– Cela dépend du sens que l'on donne au mot « mariage ». Aujourd'hui encore, tout le monde n'en a pas la même définition. Il s'agit d'un lien très particulier, à la fois symbolique et juridique.

– Qu'est-ce que cela veut dire ?

– Que le mariage possède deux faces que l'on ne peut séparer. Sur l'une, on trouve une image très forte, un symbole d'amour durable et de sincérité, un absolu. Sur l'autre, une simple règle du jeu, un contrat qui précise comment les époux vont organiser leur vie, partager et transmettre leurs biens. Le mariage, tel qu'il est pratiqué à notre époque, s'efforce de concilier ces deux définitions.

– Mais, au fond, c'est quoi un mariage ?

– C'est un engagement moral à travers lequel un homme et une femme s'unissent pour fonder un foyer, c'est-à-dire un lieu de vie, de partage et de transmission entre les générations.

– On peut aussi fonder un foyer sans se marier, non ?

– Bien sûr. Mais, dans ce cas, l'engagement a une autre valeur : il est personnel, intime et n'implique pas le regard des autres. Toutefois, de nos jours, presque toutes les formes de foyers sont reconnues par la loi, que l'on soit mariés ou non.

– Est-ce qu'on est obligé de se marier pour la vie ?

– Si c'était le cas, on ne parlerait pas ici de divorce ! Il est vrai que la religion catholique a fait du mariage un lien sacré qui ne peut être dénoué par les hommes. A l'origine, au XIIIe siècle, cette idée visait à protéger les jeunes couples et à réduire le pouvoir des clans familiaux qui « arrangeaient » les unions, les faisaient ou les défaisaient en fonction de leurs intérêts. Mais aujourd'hui, la loi ne tient pas compte des opinions religieuses particulières, puisqu'elle s'applique à tous ceux qui vivent dans un même pays. C'est pourquoi seul le mariage civil, à la mairie, possède une valeur au regard de la loi. Or celle-ci prévoit que tout mariage peut être rompu, à tout moment, sous certaines conditions.

– Mais tu disais que le mariage était un engagement très fort… Si on a le droit de le rompre quand on veut, alors ça ne veut plus rien dire ?

– Tu as raison… Et si l'on se marie, en principe, ce n'est pas pour se séparer le lendemain. On engage sa vie et celle des autres, on fait un choix dans la durée. Pourtant, au cours de l'existence, des changements importants se produisent. On vieillit, on mûrit, on change. La situation dans laquelle on se trouvait au moment du mariage peut devenir très différente après quelques années. C'est la raison pour laquelle, de nos jours, la loi privilégie l'aspect pratique du mariage – le contrat – par rapport à son aspect symbolique – l'engagement. Si les choses ont changé de telle façon qu'elles rendent la vie à deux pénible et douloureuse, si l'un des époux se comporte mal avec l'autre, ou si les deux font ensemble le constat qu'ils ne s'aiment plus, le contrat peut être rompu. Il suffit de respecter les règles prévues pour partager ce que le mari et la femme possédaient ensemble et pour organiser la vie de leurs enfants.

– Moi, je pense que je préférerais me marier pour la vie…

– Tu as raison de désirer pour toi un bonheur sans limites. Je te le souhaite de tout mon cœur. Mais lorsqu'on dit cela, il nous semble évident que le mariage et l'amour sont deux idées qui vont ensemble. Pourtant, il s'agit là d'une façon très moderne de voir les choses.

– On ne se mariait donc pas par amour, autrefois ?

– Pas toujours. On se mariait aussi par intérêt, pour concrétiser une alliance entre deux familles, pour transmettre ses biens à des héritiers reconnus. En fait, le mariage n'a peut-être été inventé que pour apporter une réponse indiscutable à une question toute bête…

– Laquelle ?

– Comment démontrer que l'on est bien le fils de son père ?

– C'est facile, on se ressemble. Et puis c'est lui qui nous a faits !

– La ressemblance n'est pas une preuve. Pour une femme, il n'y a guère de doute possible : son ventre s'arrondit, des témoins sont présents lors de l'accouchement. Mais pour le père ? Sa paternité repose avant tout sur sa bonne parole. Il reconnaît son enfant et il le nomme. Admets qu'il s'agit d'une preuve un peu légère…

– *Mais pourquoi est-ce si important ?*

– Imagine un instant ce qui se passerait si chaque père pouvait contester ses descendants : « Non, celui-là, je n'en veux pas. Je pense que c'est quelqu'un d'autre qui l'a fait... » Une telle affirmation serait aussi difficile à démontrer qu'à contredire. Les familles se déchireraient à l'occasion de chaque héritage.

– *Ça mettrait une belle pagaille !*

– Oui, c'est pourquoi depuis le Moyen Age, lorsque la cérémonie du mariage a commencé à être pratiquée dans toute l'Europe, jusqu'à maintenant, les époux ont toujours dû prononcer entre eux un serment de fidélité.

– *C'est-à-dire ?*

– Qu'ils promettent de ne jamais avoir de lien amoureux ni de rapports sexuels avec une autre personne. Ceux qui ne respectaient pas ce serment, autrefois, étaient punis sévèrement, en particulier les femmes. Certaines d'entre elles furent condamnées à mort, à l'exil, à la privation de leur fortune. Mais, le plus grave, c'est que de telles horreurs se produisent encore de nos jours dans certains pays.

– *Pourquoi s'en prendre aux femmes plus qu'aux hommes ?*

– Pour empêcher qu'elles puissent faire un enfant avec un autre homme que leur mari, bien sûr.

Pour que l'on puisse désigner avec certitude le père et ses héritiers. Ainsi, plus aucun doute : les terres, les fortunes ou les biens que les familles mettaient parfois des générations à acquérir n'étaient pas perdus. A sa mort, le père cédait à son fils aîné la responsabilité du patrimoine. Il est clair qu'il aurait été difficile de faire une place aux demi-frères, aux quarts de sœurs, et aux huitièmes de cousins dans ce système… Les familles recomposées ne pouvaient pas exister à cette époque : elles auraient bouleversé l'organisation de la société tout entière.

– Il devait bien arriver que des couples ne s'aiment plus. Comment faisaient-ils ? Étaient-ils obligés de faire semblant ?

– Les plus puissants trouvaient des façons de contourner la règle du mariage à vie. Ceux qui avaient les moyens d'entretenir deux maisons pouvaient se séparer et vivre chacun de leur côté, mais leur union n'était pas rompue. Si l'un des deux souhaitait se remarier, il devait obtenir l'annulation de son mariage par le pape lui-même ! Tu imagines bien qu'une telle procédure n'était pas à la portée de tout le monde… Henri IV s'en est servi pour se remarier avec Marie de Médicis, après son premier mariage avec la reine Margot, laquelle n'avait pas pu lui donner d'héritier. Mais, il s'agit là d'un cas exceptionnel de « divorce » sous l'Ancien Régime…

– Tu ne nous as pas encore dit à quel moment le divorce avait été autorisé…

– L'idée s'est imposée pendant la Révolution française, un an après l'invention du mariage civil. A l'époque, ce fut une grande victoire pour les femmes. Car le divorce leur permettait de se libérer de la toute-puissance des hommes. Celles qui avaient été mariées contre leur gré à un mari tyrannique ou violent pouvaient enfin s'en séparer et se remarier si elles le souhaitaient. Quant aux nombreux couples séparés qui ne pouvaient défaire leur mariage, ils se sont dépêchés d'obtenir leur divorce. Tout cela a fini par faire peur... Sous la pression de l'Église, la liberté de divorcer fut réduite, avant d'être à nouveau supprimée.

– Ce fut peut-être une période plus calme ?

– Ce fut surtout une période de grande hypocrisie. Car l'interdiction de divorcer n'empêchait pas des couples de ne plus s'aimer, d'autres de se former en cachette. Des écrivains comme Flaubert, Maupassant ou Zola ont assez raconté dans leurs romans les mensonges, les secrets, les adultères qui se dissimulaient derrière la façade respectable des familles du XIXe siècle. En France, il fallut attendre 1884 pour que le divorce soit à nouveau autorisé, après une longue bataille politique.

– J'imagine qu'il y a eu à nouveau beaucoup de divorces à ce moment-là...

– Non, il y en eut moins que la première fois, car on avait uniquement accepté le principe du divorce pour faute.

– *Qu'est-ce que c'est ?*

– C'est un vrai procès. Un seul des deux époux réclame le divorce, en apportant la preuve que l'autre ne respecte pas les obligations du mariage. Ce dernier est donc tenu pour responsable de la rupture et peut être condamné « pour faute ». Mais cette démarche est longue et coûteuse. Il faut apporter des preuves, des témoignages, engager des avocats. Les femmes n'avaient presque jamais les moyens de réclamer un divorce dans ces conditions. Elles ne géraient pas elles-mêmes l'argent du foyer. Elles ne pouvaient pas travailler sans l'autorisation de leur époux. Elles ne pouvaient pas non plus choisir le nombre d'enfants qu'elles auraient ni le moment où ils arriveraient puisqu'il n'existait pas de moyens de contraception fiables. On imagine à quel point il devait être difficile, pour une femme de cette époque, de changer de vie et de quitter son mari, en courant le risque de se retrouver seule, sans ressources, avec plusieurs enfants à nourrir. La plupart d'entre elles préféraient encore supporter un mauvais mariage…

– *Les hommes n'avaient pas tous ces problèmes. Alors, pourquoi ne le faisaient-ils pas davantage, eux non plus ?*

– Ils supportaient, comme les femmes, le poids d'une tradition qui rendait la famille intouchable. Et puis la vie du foyer pesait moins lourd sur leurs épaules car ils y échappaient en grande partie. Ils pouvaient s'instruire, travailler, participer à la vie politique ou profiter des divertissements réservés aux hommes. Enfin, dans une société qui faisait de l'homme le seul maître à bord de son foyer, demander le divorce, c'était reconnaître que quelque chose clochait dans sa façon de commander, c'était un aveu de faiblesse.

– *Qu'est-ce qui s'est passé pour que les choses changent ?*

– Sans supprimer le divorce pour faute, qui demeure fréquent aujourd'hui, la loi du 11 juillet 1975 a autorisé le divorce « à l'amiable ». Depuis cette date, il n'est plus nécessaire de s'accuser pour se séparer. Il suffit que les deux conjoints demandent ensemble l'annulation de leur mariage pour qu'elle leur soit accordée, sans qu'ils aient à fournir d'explications sur leur choix.

– *C'est donc une loi qui a tout bouleversé ?*

– Non, les changements les plus profonds viennent d'ailleurs. Au cours du XXe siècle, les femmes ont gagné le droit, à force de luttes, de sortir de leurs maisons, d'exister et d'être reconnues comme des individus et des citoyennes à part entière. Peu à peu, elles ont pu s'ouvrir au monde, travailler, rencontrer d'autres femmes, participer à la vie publique, prendre des responsabilités. L'invention de la pilule contraceptive aussi a bouleversé en profondeur leur relation avec les hommes. Grâce à elle, les femmes ont eu la possibilité de concevoir des enfants au moment où elles le désiraient, lorsqu'elles se sentaient prêtes pour assumer les responsabilités de la maternité. La sexualité et la procréation devenaient deux choses séparées. On pouvait avoir une relation amoureuse et sexuelle, prendre du plaisir avec quelqu'un sans que cela implique la naissance d'un enfant. Ainsi, au cours du XXe siècle, les femmes ont conquis la maîtrise de leur destin. Si la vie qu'elles mènent ne leur plaît pas, elles ont désormais les moyens d'en rêver une autre. Aujourd'hui, dans 68 % des cas, elles sont à l'origine des demandes de divorce.

– Mais pourquoi vouloir à tout prix bouger ? Peut-être qu'en faisant un petit effort, elles peuvent rendre leur vie plus belle sans tout changer ?

– L'histoire d'un couple est toujours un mélange de bonheur et de « petits efforts », comme tu dis, pour accepter l'autre avec ses différences, ses défauts et ses désirs. Mais, de nos jours, la liberté dont chacun d'entre nous dispose nous rend très exigeants. D'autant plus que la vie elle-même a beaucoup changé au cours du dernier demi-siècle : elle est aujourd'hui plus longue, on vit plus vieux. Elle est plus riche d'événements. On change de métier, de région, parfois de milieu social, on rencontre davantage de personnes, on voyage. Tout à coup, ce qui semblait inébranlable et figé est devenu mouvement. Les « petits efforts » à fournir pour vivre en harmonie pendant toute une vie sont plus importants qu'autrefois. Car chacun estime que la liberté d'inventer sa vie est un droit qu'il peut revendiquer pour lui-même.

– Dans ces conditions, je crois que je comprends de moins en moins pourquoi les gens continuent de se marier… D'un côté, ils veulent s'engager et, d'un autre, ils veulent rester libres. C'est normal que ça ne marche pas !

– Peut-être que l'on a tout simplement besoin de cérémonies, de fêtes, de symboles parce qu'une trop grande liberté conduit à une forme de solitude. Alors on éprouve le besoin de se retrouver, de se rassembler pour partager en groupe les étapes importantes de la vie. Un mariage, c'est d'abord la célébration d'un homme et d'une femme qui s'aiment et bâtissent des projets sur leur amour. On y prononce des mots importants : fidélité, assistance, avenir… C'est aussi l'un des rares moments de l'existence où l'on demande à deux personnes de prendre un engagement solennel, devant des témoins. Depuis l'Antiquité, ce serment est le plus souvent scellé par un échange d'alliances à l'annulaire parce que l'on croyait qu'un nerf courait de ce doigt jusqu'au cœur. C'est une belle idée, non ?

– Mais si vous avez divorcé, c'est que ce n'est pas vrai ?

– Si, c'est vrai. Et le reste aussi : la difficulté à faire coïncider les désirs de deux personnes pendant toute une vie jalonnée de changements, de découvertes, de rencontres. Le monde change vite et nous avec. Ce qui est vrai au moment où l'on forme le projet de vivre ensemble ne l'est plus toujours cinq ou dix ans plus tard.

– Et toi, maintenant, tu es pour ou contre le mariage ?

– Je suis pour le bonheur. Or la chance que nous avons aujourd'hui, c'est que personne ne nous interdit d'en chercher notre propre définition. Presque tous les modèles de familles sont reconnus par la loi. Tous les enfants ont les mêmes droits, qu'ils soient nés de parents mariés, divorcés, remariés ou célibataires. Je ne dis pas que ces situations sont comparables ni qu'elles sont toutes faciles à vivre…

– Parfois, je me demande si certains adultes ne font pas un peu n'importe quoi, quand même…

– C'est un risque. Lorsqu'on a la liberté de faire ce que l'on veut, on peut se tromper, commettre des erreurs. Cela donne aux adultes une responsabilité importante. Mais à l'inverse, quand on est obligé de se plier à un modèle unique, on court le risque de ne pas y trouver sa place. Et cela peut devenir bien plus désespérant.

– Nos arrière-grands-parents n'ont jamais divorcé. Crois-tu qu'ils étaient si malheureux ? Je me demande s'ils se posaient tant de questions…

– Je crois qu'ils considéraient tout cela avec une certaine philosophie, parce qu'il leur paraissait inévitable que leur vie comporte une part de sacrifice. Ils se sacrifiaient pour le respect de leur patrie, de leur religion, de leurs traditions, pour l'avenir de leurs enfants ou le bonheur de leur conjoint. C'est peut-être cela qui a le plus changé entre leur époque et la nôtre : aujourd'hui, nous acceptons mal cette idée. Elle nous semble violente, extrême. Curieusement, la violence de la rupture nous fait moins peur que celle du sacrifice. Et pourtant, l'éclatement d'une famille est un choc important qui n'épargne aucun de ses membres et laisse des traces jusque dans l'entourage éloigné. Le plus difficile dans ces histoires, c'est peut-être d'en parler…

La rupture

– Au moment de votre séparation, je ne comprenais pas ce qui se passait. Un jour, vous m'avez parlé. Je sentais que c'était grave mais je ne voyais pas bien ce qui allait changer…

– C'est très difficile à imaginer lorsqu'on n'a pas connu d'autre façon de vivre avant. On voudrait partager ce que ressentent les adultes, et, dans le même temps, on n'a pas envie de savoir. Les oreilles s'ouvrent et se ferment. Le cerveau enregistre ce qu'il veut ou ce qu'il peut. Et pour compliquer les choses, les explications des adultes sont rarement claires dans ces moments-là, car eux-mêmes ne comprennent pas tout ce qui leur arrive…

– En fait, je ne m'étais pas rendu compte que vous ne vous aimiez plus…

– Même les principaux intéressés, parfois, ont du mal à en prendre conscience, jusqu'au jour où ils ne peuvent plus faire autrement.

– Comment est-ce possible ?

– Bien souvent, on porte en soi des choses que l'on n'a pas envie de s'avouer car elles marquent la fin d'un rêve et de l'espoir qui l'accompagne. Le malaise dans le couple se développe de façon souterraine et diffuse. Puis un « révélateur » intervient : une rencontre, une crise, un choc qui éclairent alors le désamour et le rendent intolérable. Les enfants, mais aussi les adultes qui entourent la famille ne voient rien venir et tombent de haut lorsque les problèmes éclatent. A l'inverse, il y a des couples qui se disputent sans cesse et restent malgré tout unis durant des années parce qu'ils sont installés dans un rapport de force et de peur dont ils ne parviennent plus à sortir. On s'habitue à leurs colères, à leurs scènes de ménage. On finit par ne plus y prêter attention. La surprise n'est pas moins grande lorsque l'un des deux se retire du jeu et s'en va …

– Avant les déménagements, je me souviens d'une période lourde à la maison. On ne jouait plus ensemble, on ne riait plus, on ne voyait pas d'amis. Pourquoi est-ce qu'il ne se passait rien ? Qu'est-ce que vous attendiez ?

– Une séparation se prépare. Entre le moment où l'on prend les décisions importantes et celui où on les réalise, on traverse inévitablement une période de flottement, très pénible lorsqu'elle s'éternise. Des couples en profitent pour se parler et faire le bilan de leur histoire. D'autres se murent dans un silence ponctué de petites réflexions désagréables. Dans tous les cas, les enfants ont alors l'impression légitime que l'on ne s'intéresse plus à eux, qu'ils ne sont plus au centre des préoccupations de la famille. Il est vrai que les parents ont d'abord une foule de problèmes pratiques à résoudre.

– *Quel genre de problèmes ?*

– Celui qui va partir doit trouver un logement et de quoi le meubler, rassembler ses affaires personnelles et organiser son déménagement. Il faut trouver de l'argent, informer la famille et les amis de ce qui se passe, préparer les éventuels changements d'école, effectuer de nombreuses démarches administratives, repenser les tâches quotidiennes… Pendant ce temps, l'univers auquel on était habitué existe encore par instants, mais plus tout à fait comme avant. Un soir, on peut se mettre à rire tous ensemble, comme si de rien n'était, et se retrouver le lendemain dans une atmosphère pesante. On fait des projets pour les quelques jours à venir, on n'ose plus évoquer les prochaines vacances. Toute la famille est traversée de sentiments confus : on se dispute pour un rien, on pleure, on s'embrasse. On ne sait plus comment se parler. Il y a de l'électricité dans l'air : le moindre mot de travers déclenche un orage…

– *A ce moment-là, j'étais en colère. Je vous en voulais de ne rien faire pour vous réconcilier. Nous, quand on se dispute, vous nous demandez de faire la paix. Pourquoi les adultes qui se séparent n'y arrivent-ils pas ?*

– La rupture n'est pas le résultat d'un conflit ponctuel mais plutôt celui d'un long détachement.

Personne n'a jamais divorcé parce qu'il s'était réveillé un matin de mauvaise humeur ou parce qu'il s'était disputé la veille. Il y a d'abord des signes de mésentente ou d'insatisfaction, des tentatives de discussions, et souvent des solutions provisoires qui ne règlent rien. C'est un peu comme une branche qui plie, se fendille, se fragilise de l'intérieur : lorsqu'elle casse, il est trop tard.

– *Mais les choses sont-elles plus faciles quand chacun vit dans sa maison ?*

– Hélas, dans un premier temps, avouons que c'est encore plus pénible. D'autres épreuves surgissent, auxquelles on doit faire face avant de pouvoir prétendre à un nouvel équilibre. Une année ou deux sont nécessaires pour que la famille retrouve un peu de tranquillité après son éclatement. Auparavant, on doit affronter des déménagements qui modifient les repères, s'habituer à un nouveau voisinage, tester l'hébergement des enfants, les aider à s'intégrer dans un environnement différent, apprendre à gérer seul leur éducation et à organiser son foyer sans se mêler de la façon dont l'autre parent organise le sien, résoudre des problèmes juridiques, supporter les réflexions ou simplement la curiosité des proches… Pour chaque parent, c'est une période nerveusement épuisante.

– *Mais un des deux l'a voulue !*

– C'est vrai, même lorsque la séparation s'effectue d'un commun accord, un des conjoints joue le rôle de déclencheur. Il provoque les événements et cela lui donne un avantage certain au milieu de la tourmente, car il se projette dans l'avenir, il construit. L'autre subit des changements qu'il n'a pas désirés et peut éprouver durant quelques mois de grandes difficultés à se détacher du passé.

– *N'y aurait-il pas une certaine forme d'égoïsme dans l'attitude du premier ?*

– Celui qui part porte une lourde responsabilité sur les épaules. Il sait que ses choix bouleversent profondément la vie de son conjoint et de ses enfants qui n'ont pourtant rien demandé. S'il veut mener à bien son projet, il doit affirmer une volonté très forte, qui peut être perçue comme une manifestation d'égoïsme à certains moments.

– *Et parfois, ça dégénère…*

– Les adultes, tout comme les enfants, sont soumis à un grand stress, durant cette période de crise. En dehors des aspects pratiques à résoudre, chacun doit apprendre à maîtriser des sentiments forts : la colère, la jalousie, la tristesse, la culpabilité… Tous les problèmes se superposent, se télescopent et fournissent de nombreuses occasions de s'énerver, voire de se disputer, même lorsqu'on se sépare à l'amiable. Le stress se manifeste par de la nervosité, de l'agressivité ou, au contraire, par un repli sur soi, une plus grande difficulté à communiquer.

– *Si on avait su, peut-être qu'on aurait pu vous aider à résoudre certaines choses ?*

– Non, les enfants ne peuvent rien faire pour aider leurs parents lorsqu'ils se séparent. Car un couple, ce n'est pas seulement un papa et une maman. C'est aussi un homme et une femme qui partagent des projets, des discussions et des désirs d'adultes. Or cette partie de leur vie n'est pas accessible aux enfants.

– Vous auriez dû au moins nous demander notre avis…

– Je ne crois pas. Encore aujourd'hui, on ne vous offre pas le choix : ni entre vos deux parents, ni entre votre vie d'avant et celle d'aujourd'hui.

– Et pourquoi pas ?

– Parce qu'il s'agit de votre père et de votre mère. C'est-à-dire de personnes différentes de vous, bien sûr, mais qui ont semé un peu d'elles-mêmes en vous. Alors, si vous deviez jouer les arbitres entre vos parents et trancher leurs désaccords, c'est une part de vous-mêmes que vous risqueriez de couper en deux. Le choix de se séparer ou de vivre ensemble et la façon d'organiser la vie après la séparation sont des questions qui se discutent uniquement entre adultes.

– Je connais un couple qui s'est séparé juste après avoir eu un bébé. Or tu as dit que la séparation, ça commence longtemps avant qu'on quitte la maison. Alors, pourquoi ont-ils fait un bébé, ceux-là ?

– Parce que les gens ne sont pas des machines programmées pour ne ressentir qu'une seule chose à la fois. C'est parfois au moment où l'on s'éloigne doucement l'un de l'autre qu'on est le plus tenté d'utiliser tout ce qui nous reste d'amour pour imaginer un projet qui nous rapproche. Il y a des bébés conçus comme ça. Ils sont le fruit de ces dernières étincelles d'amour… Ils n'en sont pas moins beaux que les autres, ni moins aimés par leurs parents.

– Mais est-ce qu'un couple peut se séparer à cause de ses enfants, parfois ?

– Non, jamais. C'est même une idée que je te conseille d'oublier. Certes, la naissance d'un enfant bouleverse beaucoup de choses dans la vie d'un homme et d'une femme. Ils n'étaient jusqu'ici que des enfants, eux aussi. Ils deviennent un papa et une maman. Ce changement de point de vue les force à mûrir, à évoluer. Ils peuvent se trouver déstabilisés ou dépassés par leur nouveau rôle et se découvrir des comportements qu'ils ne connaissaient pas lorsqu'ils n'étaient qu'un jeune couple amoureux. L'enfant rend visibles des problèmes qui étaient cachés jusque-là. Mais il n'en est jamais la cause.

– Il y a pourtant des parents qui se disputent tout le temps, parce que les enfants font des bêtises, par exemple.

– Tous les enfants font des bêtises, soit parce qu'ils ne savent pas encore faire autrement, soit parce qu'ils réclament ainsi que l'on s'intéresse à eux. C'est une chose normale. On y répond par des explications, éventuellement par une punition, c'est-à-dire dans tous les cas par un principe d'éducation. Lorsque des parents se disputent après la bêtise d'un enfant, ce n'est jamais à cause de ce qu'il a fait. C'est parce qu'ils ne parviennent pas à se mettre d'accord sur le type d'éducation qu'ils souhaitent donner. En réalité, on ne se sépare pas à cause des enfants. On ne se remet pas ensemble à cause d'eux non plus.

– *On peut ne plus aimer ses enfants, ne plus s'entendre avec eux, ne plus les supporter ?*

– Peut-être… Il arrive que des parents disparaissent sans fournir d'explication, ou qu'ils s'éloignent peu à peu de leurs enfants, manifestant leur présence par des courriers ou des coups de fil de plus en plus espacés. Ce sont des situations graves et douloureuses pour les enfants, qui doivent accepter l'idée qu'ils n'y sont pour rien et qu'ils n'y peuvent rien. Cependant, de tels faits ne sont pas du tout comparables à un divorce.

– *Pourquoi ?*

– Le lien qui se noue entre deux adultes et celui qui unit parents et enfants ne sont pas de même nature. Le premier exprime une attirance entre deux personnes qui se choisissent et s'accordent de leurs différences et de leurs ressemblances. Le second résulte d'une reconnaissance entre deux êtres qui partagent une parcelle d'identité commune. Il définit ce que nous sommes, d'où nous venons et nous permet de nous projeter dans l'avenir. Même lorsque parents et enfants ne s'acceptent pas, lorsqu'ils cessent de se voir, et même lorsqu'ils ne se connaissent pas, ils ne peuvent pas « divorcer » car leur histoire n'est jamais terminée. Elle se prolonge jusqu'aux générations suivantes…

– Et… je sais que ce n'est pas possible mais tout de même… Est-ce qu'il arrive que des parents se remettent ensemble après s'être séparés ?

– C'est rare. Un jour, une de mes amies est partie quelques mois, laissant la maison et les enfants sous la responsabilité de son mari. Cela leur a donné du temps pour réfléchir à leur façon de vivre, chacun de son côté. Lorsqu'ils se sont retrouvés, ils ont beaucoup parlé, avant de prendre de grandes décisions : ils ont déménagé, changé de travail, d'activités, d'horaires, inscrit leurs enfants dans de nouvelles écoles.

– Et alors ?

– Toutes leurs habitudes ont été modifiées. Du coup, les mêmes personnes vivaient à nouveau réunies mais elles ne formaient plus tout à fait la même famille qu'avant. Bien sûr, de tels changements ne sont possibles que si les deux parents éprouvent encore l'un pour l'autre des sentiments amoureux et s'ils sont parfaitement d'accord sur ce qu'ils souhaitent transformer dans leur vie. Dans ce cas, la séparation n'est pas une vraie rupture, plutôt une pause, un temps de réflexion. Mais si les désaccords sont profonds, ce qui se vérifie toujours très vite, il est préférable que chacun reconstruise sa vie rapidement, sans perdre trop d'énergie à tenter de recoller des morceaux qui ne s'assemblent plus.

– En fait, je crois que j'aimerais bien qu'on reste comme aujourd'hui, mais qu'en plus il y ait de la place pour tout le monde…

– Qu'on soit tous réunis ? Nous et vos autres parents dans une seule et même maison ?

– Oui, c'est ça. Je sais que ce n'est pas possible, mais j'y pense souvent.

– Et tu n'es pas le seul. Presque tous les enfants rêvent de rassembler ainsi ceux qu'ils aiment autour d'eux, ce qui paraît bien normal. Mais je vois que tu connais toi-même la réponse à cette question : ce n'est effectivement pas possible. Certes, quand les parents conservent de bonnes relations après leur séparation, ils peuvent se rencontrer à certaines occasions pour partager les événements importants de la vie de leurs enfants. Le plus souvent, cela s'arrête là car leur histoire commune est terminée. Ils ne partent pas en vacances au même endroit, ne sortent pas le soir entre copains. Ils ont chacun leur vie, leurs amis, leur maison, leur façon de vivre. Je sais à quel point il est difficile d'admettre que les choses ne seront plus jamais comme avant… Cependant, ce n'est qu'en faisant le deuil de sa première famille que l'on arrive à trouver sa place et son bonheur entre deux parents qui ne vivent pas ensemble.

– *Qu'est-ce que cela veut dire : faire le deuil ?*

– Cela veut dire qu'il faut se résigner au fait que le petit univers dans lequel on vivait tous les jours a disparu et qu'il ne reviendra pas. Au début, on ressent un manque très fort qui envahit nos pensées comme nos rêves, nous ramène sans cesse en arrière et nous fait même souffrir physiquement. Jusqu'au jour où l'on accepte l'effacement du passé, sans regret.

– *Aujourd'hui encore, quand je suis chez l'un, je ne peux pas m'empêcher de penser à l'autre. Et ça me rend triste, je me mets à pleurer sans véritable raison…*

– Cela m'est arrivé aussi. C'est souvent au moment où l'on éprouve du bonheur qu'on a le plus envie d'entendre la voix de celui ou de celle qui nous manque et de partager avec lui cet instant. On voudrait faire un câlin, et ce n'est pas possible… Pendant quelques instants, le monde entier semble s'effondrer, plus rien d'autre n'a d'importance. Il est inutile de chercher à « s'en empêcher », comme tu dis. C'est une tristesse très vive, qui fait mal tout d'un coup et disparaît aussi vite qu'elle est venue. Elle prouve que l'on s'aime et nous rappelle qu'il ne faut jamais oublier de se le dire les uns aux autres.

– Moi, ce qui me rend triste, c'est de savoir que, parfois, vous êtes malheureux aussi. Qu'est-ce qu'on peut faire, face à cela ?

– Je sais que c'est très inquiétant de voir un de ses parents craquer, se mettre à pleurer, par exemple. Surtout si l'on a le sentiment que l'autre parent est responsable de ce qui se passe. Voilà des personnes qu'on a toujours connues fortes, solides, qui avaient réponse à tout, qui savaient toujours ce qu'il fallait faire, et l'on découvre d'un coup qu'elles sont aussi fragiles, qu'elles peuvent se casser. Voilà deux êtres qui comptent plus que tout à nos yeux, et dont l'un semble faire du mal à l'autre. Pour un peu, on voudrait consoler celui ou celle qui pleure comme une maman console ses petits, mais on se rend bien compte que ça ne fonctionne pas dans ce sens-là, que des choses nous échappent, qu'on risque de mal faire, peut-être de trahir l'autre parent. On se trouve désarmé, impuissant. Il est important, dans de tels moments, de bien se souvenir que les enfants ne peuvent rien faire pour aider leurs parents car ce n'est pas leur rôle. Mais cela ne doit jamais empêcher de leur dire ce qu'on ressent ni de leur expliquer qu'on n'aime pas les voir dans cet état.

– Un jour, j'étais chez un copain, avec sa mère, lorsque son père est venu faire un scandale. Il voulait qu'elle le laisse entrer mais elle refusait. Comme il criait de plus en plus fort et tapait sur la porte, des policiers sont venus pour lui demander de se calmer. Mon copain et moi, on a eu très peur. Crois-tu que son père faisait cela parce qu'il était malheureux ?

– C'est possible… Ou peut-être parce qu'il se sentait terriblement vexé, humilié. D'une façon ou d'une autre, justifiée ou non, cet homme s'estimait blessé, non pas dans son corps mais dans ses émotions. Il avait besoin de le dire, de le montrer, de se faire entendre. Or son ex-femme n'était pas disposée à écouter ce discours, et elle avait sans doute ses raisons pour agir de la sorte. Il est évident que, si personne n'y met fin, un tel dialogue de sourds comporte un risque de violence : l'un finit par casser la porte ou l'autre par gifler celui qui ne veut pas se taire. Or la violence n'est pas pardonnable, car elle ne résout rien. Surtout, elle n'est pas tolérable. C'est ce que sont venus rappeler les policiers, ici par leur simple présence et leurs paroles d'apaisement. De telles scènes sont impressionnantes, même lorsqu'elles sont, comme dans cette histoire, sans gravité. Les adultes semblent submergés par des émotions qu'ils ne parviennent plus à contrôler. Ils peuvent faire ou dire des choses insensées, qui ne leur ressemblent pas et qu'ils regrettent généralement quelques instants plus tard.

– Et ça arrive souvent ?

– La violence, au cours d'une rupture, se manifeste sous des formes variées, même dans des familles qui ne l'avaient jamais connue jusque-là. Et lorsqu'elle existait avant la séparation, elle a tendance à redoubler une fois la rupture engagée. Les policiers connaissent bien ces situations et n'hésitent jamais à intervenir pour ramener le calme. Il est évident que les victimes sont le plus souvent des femmes. Dans les cas les plus graves, elles peuvent s'adresser à des associations ou des foyers d'accueil pour y trouver assistance et refuge et protéger leurs enfants.

– Mais pourquoi ces gens en viennent-ils à se détester ? Pourquoi ne se souviennent-ils pas qu'autrefois ils s'aimaient ?

– Plus de la moitié des couples qui se séparent maintiennent entre eux une relation de respect et d'écoute partagée, même si cette épreuve est pour eux douloureuse. Quelques autres, il est vrai, atteignent un tel degré de rancœur ou d'incompréhension qu'ils ne parviennent plus à dialoguer autrement que par insultes, y compris lorsque l'intérêt de leurs enfants est en jeu. A travers l'histoire de ce père qui criait devant une porte close, tu as vu qu'une blessure morale peut faire aussi mal qu'un choc physique, et que l'impossibilité de s'exprimer ou de se faire entendre conduit à des réactions incontrôlées. Tous ces couples qui ne s'adressent la parole que pour s'agresser ont perdu la faculté de dire et d'écouter leurs sentiments ou leurs désirs. Entre eux, plus rien ne passe à l'exception de ce qu'il est impossible de retenir : les cris, les insultes, les larmes. Ce n'est pas parce qu'ils se séparent qu'ils se déchirent, mais parce qu'ils ont oublié de se parler, pendant des années, et qu'ils se trouvent dans l'incapacité de le faire au moment où tant d'émotions se bousculent dans leurs esprits.

– Tu veux dire que si ces personnes acceptaient de discuter, ils cesseraient de s'en vouloir ?

– Disons qu'ils pourraient dépasser la situation d'affrontement dans laquelle ils sont enlisés. Mais se livrer à un dialogue sincère lorsqu'on en a perdu l'habitude est un exercice difficile et périlleux. Alors qu'il paraît si simple de se parler, on oublie à quel point les mots peuvent faire mal en période de crise. Dans les cas extrêmes, il est préférable d'éviter tout contact plutôt que d'entretenir des tensions trop vives en cherchant à imposer un dialogue impossible.

– Mais nous, est-ce qu'on a quand même le droit de dire qu'on aime aussi fort nos deux parents ?

– Bien entendu, c'est un de vos droits fondamentaux et personne n'est autorisé à le remettre en cause. Vous avez le droit de dire sans aucune gêne, d'exprimer de la façon qui vous plaît l'amour qui vous lie à chacun de vos parents et d'exiger de leur part qu'ils respectent ce sentiment. Lorsque des parents se disputent, ou si l'un des deux critique l'autre devant ses enfants, ceux-ci n'osent plus avouer qu'au fond d'eux-mêmes ils sont autant attachés à leur père qu'à leur mère.

– Et alors ?

– Alors ces enfants sont pris dans ce qu'on appelle un « conflit de loyauté ».

– C'est-à-dire ?

– C'est-à-dire qu'ils sont prisonniers d'un système qui leur fait du mal. S'ils acceptent ce qu'ils entendent, ils deviennent complices d'une agression contre leur autre parent. Mais s'ils refusent, ils blessent le parent avec qui ils sont. Quoi qu'ils fassent, ils font mal. Pour s'en sortir, ils finissent par se dédoubler. Lorsqu'ils sont avec l'un, ils deviennent une certaine personne et ils pensent d'une certaine façon. Et lorsqu'ils sont avec l'autre, ils pensent d'une autre façon. Ils essayent de coller à ce que l'on attend d'eux de chaque côté, ou plutôt à ce qu'ils imaginent être les désirs de leurs parents. Ainsi, ils croient trouver la parade pour se faire aimer aussi fort par leur papa que par leur maman, même si ceux-ci semblent se haïr.

– *Et c'est bien ou c'est mal, d'agir comme cela ?*

– Ce n'est ni bien ni mal. Mais ce n'est pas une bonne solution.

– *Pourquoi ?*

– Parce que les enfants sont des personnes, libres de penser ce qu'elles veulent et d'aimer qui elles veulent. Ils ne sont là ni pour faire passer les messages entre leurs parents ni pour chercher des solutions à leur place. S'ils se reprochent des choses précises, ils n'ont qu'à se le dire en face. Je crois que la bonne solution, dans ces cas-là, c'est de leur répondre : « Je t'aime très fort, mais il y a des choses que je n'aime pas entendre, alors, s'il te plaît, ne les dis pas devant moi. » Je sais que ce n'est pas facile. Mais le jour où l'on y arrive, on peut cesser de se dédoubler et commencer à être soi-même dans chacune de ses maisons.

– J'ai tout de même l'impression que certaines personnes deviennent un peu dingues quand elles divorcent. A la télé, on voit des gens qui enlèvent leurs enfants, d'autres qui semblent prêts à s'entre-tuer…

– A travers les exemples qui vous entourent, parmi vos copains, à l'école, vous voyez aussi que la majorité des familles divorcées ne connaît heureusement jamais de tels problèmes. Ces cas isolés focalisent l'attention des médias par leur caractère spectaculaire. Mais ils ne représentent pas la réalité du divorce aujourd'hui, tel que le vivent des millions de personnes. Certes, une séparation est pour tout le monde une épreuve difficile à vivre. La perte de quelqu'un que l'on a aimé, le sentiment d'abandon qui en découle, ou de culpabilité pour celui qui s'en va, les reproches qu'on s'adresse à ce moment-là et l'écroulement de l'univers familial qu'on avait bâti sont autant de coups rudes à encaisser. On s'en relève, chacun à son rythme et à sa façon, comme de toutes les épreuves que la vie sème un jour ou l'autre sur notre chemin. Certains peuvent s'en trouver plus affectés que d'autres car le choc de la rupture touche en eux des zones de fragilité, réveille des peurs ou des traumatismes anciens. Ce ne sont pas pour autant des « dingues », selon ton expression, mais des personnes dont la souffrance morale, jusqu'ici tenue secrète et étouffée, se libère d'un coup à cette occasion.

– C'est peut-être aussi la faute de l'autre parent ?

– Quelles que soient les apparences, il n'y a jamais un gentil et un méchant dans un divorce. L'histoire d'un couple s'écrit toujours à deux, jusqu'à la fin, chacun portant une part de responsabilité dans le déroulement des événements.

– Mais alors, n'existe-t-il pas un moyen de se séparer sans se faire autant de mal ?

– Une séparation fait mal. Mais il est important de conserver à l'esprit qu'il s'agit d'une étape, non d'un but. La rupture marque à la fois la fin d'une époque importante, essentielle puisqu'elle vous a vus naître, et le commencement d'autre chose. Derrière, se profilent déjà – aussi inimaginable que cela puisse paraître sur le moment – de nouvelles rencontres, de nouvelles histoires d'amour, de nouveaux lieux de vie, des projets, des amis, et de nombreuses occasions de faire la fête. Une fois passé ce choc, on voit des parents changer de métier, de région, de relations, d'habitudes. Ils redécouvrent leurs envies profondes, les rêves qu'ils avaient oubliés. Ils se mettent à peindre ou à faire de la musique, d'autres voyagent ou reprennent des études. Cela peut surprendre et déstabiliser une nouvelle fois l'entourage. Les enfants découvrent ainsi leurs parents sous un jour nouveau, inattendu, et quelquefois inespéré.

– On a parlé jusqu'ici de rupture ou de séparation. Mais à quel moment peut-on dire qu'on est vraiment divorcé ?

– Seulement lorsque la séparation est officiellement reconnue par un juge. Jusque-là, les époux restent liés par les devoirs et les obligations du mariage, même s'ils ne vivent plus sous le même toit. C'est le moment où la justice entre dans la danse. Chacun doit alors apprendre à exprimer ses émotions, ses révoltes, ses espoirs et ses colères à l'intérieur d'un cadre strict : celui de la loi…

La justice

– Je ne comprends pas ce que la justice vient faire dans cette histoire... On se marie bien devant le maire. Pourquoi ne peut-on pas divorcer de la même façon, en expliquant qu'on ne souhaite plus être mariés ?

– Cela se pratique dans certains pays. En Chine et au Japon, par exemple, il suffit de déclarer son divorce devant un officier d'état civil en présence de deux témoins. Seuls les désaccords importants sont portés devant un juge. Mais la culture de ces pays donne au mariage un sens assez différent de celui que nous connaissons en Occident. Souvenons-nous que, dans nos sociétés, le mariage est un lien à la fois symbolique et juridique. Les règles qu'il impose concernent aussi bien la morale, puisqu'il est question d'assistance et de fidélité, que les impôts, les héritages ou la propriété. Lorsque ce lien est rompu, on demande au juge de vérifier que les droits et les devoirs de chacun sont bien respectés.

– En fait, c'est quoi, un juge ?

– C'est un homme ou une femme qui dit la loi. Ce n'est pas lui qui la fait, il ne l'invente pas. Mais il peut préciser ce qui est autorisé et ce qui ne l'est pas. Sa parole ne peut être remise en cause par personne, sinon par un autre juge, sous certaines conditions.

– Je pensais qu'un juge servait surtout à punir les criminels, à mettre en prison les voleurs... Est-ce qu'il peut aussi y envoyer des parents ?

– Non, le juge dont nous parlons s'appelle le juge aux affaires familiales. Il n'envoie personne en prison. Il impose des règles de bonne conduite aux parents qui se séparent, arbitre leurs désaccords, vérifie que la loi est appliquée comme il faut. Avant tout, il protège les enfants.

– Contre quoi ?

– Contre les adultes, s'ils perdent le sens de leurs responsabilités durant cette période difficile, ou si des émotions trop fortes les empêchent de penser calmement à l'avenir de leurs enfants.

– Je connais des parents qui ne sont pas mariés. Sont-ils quand même obligés d'aller voir le juge quand ils se séparent ?

– Non, ils peuvent très bien organiser leur nouvelle vie sans demander l'avis de personne. Mais si l'un des deux estime que la séparation ne se déroule pas de façon juste, ou s'il pense que l'intérêt des enfants n'est pas respecté, il a le droit de demander l'aide du juge aux affaires familiales à tout moment.

– *Comment ça se passe quand on voit le juge ? Est-ce qu'il y a du public dans la salle ?*

– Ce n'est pas un procès criminel comme ceux qu'on voit à la télé. Les audiences se présentent sous la forme de discussions dans un bureau, entre le juge, les parents et leurs avocats. Il n'y a ni policiers ni public, parce qu'il s'agit d'une affaire privée qui se traite uniquement devant les personnes concernées. Mais c'est tout de même un moment solennel, grave, où chaque mot prononcé revêt une grande importance.

– *A quoi servent les avocats ?*

– Ce sont des gens qu'on paye pour nous conseiller et nous représenter devant le juge, lui expliquer nos arguments, défendre nos intérêts et parler en notre nom.

– *Pourquoi est-ce l'avocat qui parle ?*

– Peut-être pour éviter que l'on s'énerve... L'avocat est un professionnel : sa vie, son histoire à lui ne sont pas en cause. Il reste calme en toutes circonstances, même lorsque sont discutés les sujets qui fâchent. Par ailleurs, tout le monde ne maîtrise pas le fonctionnement de la justice. Si chacun se défendait seul, il y aurait des injustices, simplement parce que les uns parleraient mieux que les autres dans ce cadre impressionnant. Les avocats, eux, connaissent les lois, et ils apprennent tous l'art de bien manier la parole : chacun se trouve donc à égalité de moyens devant le juge.

– Mais nous, est-ce qu'on a le droit de venir à l'audience ?

– Non, la justice s'adresse uniquement aux adultes. On peut regretter que les enfants ne soient pas informés par le juge des grandes décisions qui les concernent. La psychanalyste Françoise Dolto, qui a consacré sa vie à défendre la cause des enfants, jugeait anormal que des choix importants se fassent ainsi « dans leur dos ». Elle souhaitait qu'ils puissent rencontrer au moins une fois le juge afin qu'il leur rappelle leurs devoirs et leurs droits et leur explique ses décisions, les parents n'étant pas toujours les mieux placés pour jouer ce rôle. Les réflexions de Françoise Dolto ont souvent influencé les lois au cours des dernières décennies. Mais sur ce point, elle n'a pas été entendue.

– Ce qui m'inquiète, c'est que le juge fait des choix à notre place, sans nous connaître…

– En principe, c'est aux parents de décider ensemble la façon dont la vie des enfants s'organise et non au juge. Lorsqu'un divorce est engagé par consentement mutuel, c'est-à-dire « à l'amiable », les parents proposent eux-mêmes leurs solutions. Avec l'aide de leurs avocats, ils rédigent un document qui précise les détails de l'organisation qu'ils souhaitent et le soumettent au contrôle du juge. Après une période de quelques mois, durant laquelle chacun peut vérifier le fonctionnement du nouveau mode de vie, le juge enregistre ce document et prononce le divorce définitif.

– *Mais si les parents n'arrivent pas à se mettre d'accord, c'est bien lui qui décide à leur place ?*

– Oui. C'est pourquoi, même s'il ne fait pas participer les enfants aux audiences, le juge est parfois amené à recueillir leur opinion, dès lors qu'ils sont en âge de raisonner sur leur avenir. Mais attention, rien ne l'oblige à respecter leurs désirs. Le juge n'est pas là pour faire plaisir aux enfants mais pour protéger leur intérêt.

– *Comment cela se passe-t-il ?*

– S'il le faut, il reçoit lui-même les enfants ou demande à une autre personne de le faire. Il peut aussi commander un rapport à un expert, psychiatre ou assistante sociale, qui écoute tous les membres de la famille, visite éventuellement les logements des parents et recueille des avis extérieurs. Malgré ces précautions, il est vrai que le juge manque parfois cruellement d'informations au moment de prendre les décisions importantes. Même le meilleur des rapports ne rend pas compte de tout : l'intimité d'un foyer, ses habitudes, ses manies, ses équilibres sont des choses trop compliquées pour être décodées à travers quelques entretiens, surtout durant la tourmente d'une rupture. Inévitablement, les adultes essayent d'influencer l'expert, les enfants peuvent prononcer des mots difficiles à interpréter, des détails sont parfois exagérés. J'ai eu l'occasion de lire un rapport dans lequel il était reproché à une mère de donner le biberon à son fils de deux ans sur ses genoux. L'expert en concluait que cette mère empêchait son garçon de grandir et qu'il était dans l'intérêt de l'enfant de le séparer de sa maman.

– *Et qu'est-ce qui s'est passé ?*

– Devant l'énormité de cette appréciation, le juge a commandé un deuxième rapport à un autre expert, lequel a conclu que tout allait bien dans cette famille et qu'il était ridicule de reprocher à une maman de prendre son bébé sur elle pour le nourrir.

– *Alors, comment savoir la vérité ?*

– Personne ne sait avec précision en quoi consiste une bonne éducation ni pourquoi celle-ci est meilleure que celle-là. Dans ce domaine, et dans la majorité des cas, il faut accepter l'idée que la vérité n'existe peut-être pas. Bien entendu, si un enfant est battu ou maltraité par un de ses parents, il est indispensable de le protéger. Les enquêtes d'experts sont alors très importantes. Mais le plus souvent, l'intérêt de l'enfant consiste avant tout à vivre entouré de deux parents qui se respectent et assument chacun de son mieux leur rôle de papa et de maman. Or ces choses-là ne se décrètent pas et aucun rapport ne peut indiquer le moyen sûr d'y parvenir. C'est pourquoi le juge se trouve dans une position délicate lorsqu'il doit rendre un arbitrage.

– *Tu veux dire qu'il lui arrive de se tromper ?*

– Je veux surtout dire qu'il n'a pas les moyens de rendre une famille heureuse si celle-ci se déchire. On peut juger un délit, un vol de moto ou un cambriolage parce qu'il s'agit de faits précis qui impliquent un coupable et une victime. Il est bien plus compliqué d'avoir un avis sur la façon dont les gens s'aiment ou se détestent à l'intérieur d'une famille ordinaire. Chaque fois qu'elle s'aventure sur le terrain de l'intimité, qu'elle doit mettre en balance une parole contre une autre, la justice se trouve désarmée, impuissante et souvent injuste.

– *Alors comment faire ?*

– Il faut éviter de placer le juge en position d'arbitre, c'est-à-dire sortir de la logique du conflit pour accepter de se parler. Mais nous avons vu que la parole fait mal dans certains cas. C'est pourquoi les juges et les avocats recommandent de plus en plus souvent aux parents de chercher des solutions à leurs désaccords dans le cadre d'une médiation familiale.

– *De quoi s'agit-il ?*

– Il s'agit de réapprendre à se parler et à se faire confiance, comme on réapprendrait à marcher après un accident grave. On commence par des choses très simples, avec l'aide d'une troisième personne, qu'on appelle un médiateur.

– *Qui est-ce ?*

– Quelqu'un dont le métier consiste à gérer et à apaiser les tensions entre deux adultes. Chaque parent s'adresse à lui, à tour de rôle, pour expliquer son point de vue ou pour se plaindre. Le médiateur ne prend parti pour personne. Il trie les informations, sépare ce qui est important de ce qui l'est moins, fixe des objectifs d'une séance à l'autre, incite chacun à tenir ses engagements. A la fin, il essaye d'aboutir à un accord, accepté par les deux parents, sur l'organisation pratique de la vie des enfants.

– *Et ça marche ?*

– Pas toujours. Ce n'est pas une recette miracle. Rétablir la confiance entre deux personnes qui l'ont perdue est une tâche difficile. Chacun doit être capable, au moment où il s'engage dans la médiation, de renoncer à ressasser le passé. Mais lorsque cela fonctionne, tout le monde y gagne, et d'abord les enfants, car la famille échappe ainsi aux interminables et terribles batailles judiciaires, qui ne font, elles, que des perdants.

– *Interminables ? Ça peut donc durer longtemps, un divorce ?*

– Un divorce par consentement mutuel se règle en quelques mois. Un divorce conflictuel peut traîner plusieurs années.

– *Plusieurs années ! Mais c'est énorme...*

– C'est surtout dramatique car ces longues procédures obligent les parents à reparler sans cesse de leur histoire, au moment où ils ont le plus besoin d'en faire le deuil. Elles n'aboutissent, en général, qu'à prolonger et à raviver les blessures de la rupture.

– *Mais pourquoi est-ce si long ?*

– Par définition, le divorce « à l'amiable » concerne des gens d'accord pour ne plus vivre ensemble. Ils se présentent devant le juge une fois l'essentiel de leurs problèmes réglés. La procédure est donc relativement rapide. Environ la moitié des couples qui se séparent adoptent cette voie. Mais les choses se compliquent lorsqu'un seul des époux désire divorcer et que l'autre s'y oppose. D'après vous, que peut-on faire dans ce cas ?

– *Eh bien on explique à celui qui ne veut pas divorcer qu'il n'a pas tellement le choix...*

– Il paraît délicat de contraindre un parent à ne plus vivre tous les jours avec ses enfants, à bouleverser sa vie, alors qu'il n'a rien demandé... Souvenez-vous que le mariage comporte l'obligation pour les époux de vivre sous le même toit. Il est donc interdit de quitter son foyer sans autorisation. La loi ne peut pas, d'un côté, obliger les conjoints à habiter ensemble et, de l'autre, expliquer qu'il n'y a rien à faire si l'un des deux s'en va.

– Alors, on doit dire à celui qui veut divorcer qu'il n'a pas le droit de partir tant que l'autre époux n'est pas d'accord…

– Il semble tout aussi difficile de forcer un couple qui ne partage plus d'amour, d'amitié, de projets ou d'envies à rester uni. Ce serait un véritable enfer pour toute la famille, on y vivrait comme dans une prison. Or il arrive qu'un des époux se braque et refuse obstinément que l'autre s'en aille, soit par amour, soit par dépit. Il y a là une contradiction que la loi a beaucoup de mal à résoudre.

– Alors comment fait-on ?

– En France, on contourne le problème d'une façon pernicieuse. S'il n'y a pas un commun accord pour divorcer, celui qui souhaite rompre est, comme on l'a vu, obligé d'accuser l'autre d'une faute. Ce dernier n'a alors plus le choix : il est contraint de s'engager dans la procédure de divorce et de prendre un avocat pour se défendre. S'il ne réagit pas, il court le risque d'être condamné sans avoir été entendu.

– Même si ce dont on l'accuse n'est pas vrai ?

– Exactement. Le principe du divorce pour faute, à l'origine conçu pour protéger ceux qui sont victimes de faits graves et réels dans leur couple, est ainsi détourné de sa fonction. C'est injuste, mais il n'existe pas d'autre solution pour sortir d'une situation bloquée. Précisons que cela ne « marche » pas à tous les coups : si le juge estime que la faute invoquée est manifestement artificielle, il peut refuser de prononcer le divorce.

– *Et on s'accuse de quoi ?*

– Tout y passe. Dans le meilleur des cas, on se reproche des choses de moindre gravité : des absences, un comportement grossier, des horaires qui rendent la vie de famille impossible. Dans le pire, on accuse l'autre d'adultère, et aussi de violences, de folie, d'alcoolisme, voire d'inceste. Certains de ces motifs ont pour effet immédiat d'interdire au parent accusé de voir ses enfants, tant que la vérité n'est pas établie. Au cours des dernières années, des parents ont ainsi été privés de leurs droits parentaux et séparés de leurs enfants. Or, pour quelques cas bien réels de maltraitance, un trop grand nombre de ces accusations ne reposent sur rien. Malheureusement, il faut du temps pour démontrer qu'on est innocent dans ce type d'affaire. Et tant que le doute demeure, les juges sont contraints de prendre des mesures de protection à l'égard des enfants, ce qui veut dire qu'ils doivent limiter ou interdire les rencontres avec le parent accusé.

– *Mais c'est terrible ! Ça ne devrait pas exister !*

– Attention, il s'agit d'un jeu très dangereux pour celui qui lance de fausses accusations. Si l'on constate qu'il a menti sur des choses aussi graves, la justice peut se retourner contre lui et lui infliger des sanctions sévères.

– *Mais la vérité finit par se savoir, n'est-ce pas ?*

– Pas toujours, hélas. Car ce genre d'accusations reste difficile à vérifier. Au lieu de résoudre les aspects pratiques de la séparation, la justice passe ainsi des mois à tenter de démêler le vrai du faux dans des histoires confuses et embrouillées. Pendant ce temps, les époux s'efforcent de réunir des preuves indiscutables de leur version des faits. Ils sont amenés, malgré eux, à se provoquer, à s'espionner, à se voler des journaux intimes ou des courriers, perdant parfois tout sens moral, et donnant à leurs enfants un exemple désastreux. L'entourage n'est pas épargné. Les grands-parents, les amis, les collègues de travail sont appelés à donner leur opinion. Le conflit s'élargit, un « clan » s'opposant à l'autre. Il faut ensuite plusieurs années pour dénouer le sac de nœuds ainsi obtenu, revenir aux vraies questions et mettre en place une organisation acceptée par les deux parents. Comble de l'absurdité, dans 80 % des divorces pour faute, cette recherche du coupable ne débouche sur rien : les tribunaux renvoient dos à dos les parents et estiment en conclusion que la responsabilité de la rupture est partagée. Dans les 20 % restants, lorsqu'un fautif est désigné, sa condamnation reste le plus souvent de principe : elle comporte éventuellement l'obligation de verser des dommages-intérêts, c'est-à-dire une somme d'argent, au conjoint reconnu comme victime.

– *Je pense qu'il faut avant tout supprimer ce divorce pour faute et obliger les gens à se mettre d'accord !*

– Mais que répondre, dans ce cas, aux personnes qui sont victimes de réelles violences, d'humiliations ou de harcèlement dans leur foyer ? Il faut leur laisser des moyens et un cadre pour se faire entendre. Et inventer d'autres solutions pour débloquer les situations où l'un des époux refuse avec obstination de divorcer. Ce n'est pas simple… En France, des discussions passionnées ont eu lieu ces dernières années entre responsables politiques à ce propos. Mais c'est un problème si délicat qu'il nécessite beaucoup de précautions et de réflexion, donc du temps.

– En attendant, comment décide-t-on qui va s'occuper de nous s'il y a conflit entre les parents ?

– Conflit ou pas, le divorce ne dispense les parents d'aucune responsabilité. Pendant la procédure et après le divorce, leur autorité parentale est la plupart du temps partagée à égalité. Cela signifie qu'ils doivent se mettre d'accord sur tous les aspects importants de la vie de leurs enfants. Un déménagement, une orientation scolaire, un traitement médical doivent recueillir l'approbation des deux parents.

– Mais qui décide dans quelle maison on va vivre ?

– S'il y a dispute, c'est généralement à cause de cette question. Lorsque les parents ne parviennent pas à la régler entre eux, c'est au juge que revient la mission d'imposer non pas la meilleure solution, il n'en existe pas, mais celle qui lui semble la moins mauvaise… Le texte du jugement précise toujours le lieu de résidence des enfants ainsi que la façon dont s'applique le droit de visite et d'hébergement du parent qui ne détient pas la résidence.

– *Peux-tu traduire en langage courant ?*

– La résidence désigne l'adresse officielle des enfants, celle qui est imprimée sur leurs papiers ou qu'ils indiquent sur leur fiche de renseignements en début d'année scolaire. Elle peut être fixée chez le père, chez la mère ou bien alternée.

– *C'est-à-dire ?*

– Ce dernier cas signifie que l'enfant possède deux adresses. Il vit à la fois chez son père et chez sa mère, et change de domicile selon un rythme fixé à l'avance, chaque semaine, voire chaque mois ou chaque année.

– *Là, les choses sont parfaitement égales entre les deux parents…*

– C'est le principe même de la résidence alternée et ce qui la rend si séduisante aux yeux d'un nombre croissant de parents : aucun des deux ne peut, en effet, se prévaloir d'une quelconque supériorité sur l'autre. Toutefois, on ne choisit pas un mode de résidence pour faire plaisir aux parents mais pour que les enfants s'y sentent à l'aise. Pour bien fonctionner, l'alternance suppose des conditions matérielles parfaites. Dans la pratique, elle concerne surtout des parents qui s'entendent bien, assez proches l'un de l'autre pour que les enfants se rendent sans difficulté à leur école, suffisamment riches pour se payer deux grands logements confortables au quotidien.

– Je n'ai pas l'impression que ce soit très répandu : presque tous mes copains dont les parents sont divorcés habitent chez leur mère.

– La résidence alternée s'est développée ces dernières années. Mais 85 % des enfants ont encore leur résidence principale chez leur maman.

– Pourquoi ?

– Essentiellement parce que les pères sont peu nombreux à demander la résidence de leurs enfants chez eux.

– Pour quelle raison ?

– Le fait qu'un père puisse assumer seul l'éducation quotidienne de ses enfants est une idée si nouvelle qu'une majorité d'entre eux n'en est pas encore convaincue. Dans les générations qui nous ont précédés, cela ne s'est presque jamais produit : nous n'avons donc pas d'exemples sous les yeux. Les pères qui se lancent dans cette aventure doivent inventer et imposer leur façon de vivre auprès de leur entourage, voire dans leur travail où cette situation n'est pas toujours reconnue et acceptée. Ils doivent également convaincre les juges qu'ils peuvent être d'aussi bons parents que les mères, ce qui représente pour eux un défi supplémentaire au milieu des épreuves du divorce. A l'inverse, une mère qui n'obtient pas la résidence de ses enfants court le risque d'être considérée comme une mauvaise mère.

– *Pour moi, ça n'a aucun rapport. On peut se voir moins souvent et s'aimer aussi fort...*

– Je suis bien d'accord avec toi. Disons-le et répétons-le, les qualités d'un parent n'ont rien à voir avec ces histoires de résidence et de jours d'hébergement. De plus en plus de gens admettent cette évidence. Et le nombre de pères décidés à s'impliquer dans l'éducation de leurs enfants augmente chaque année. C'est une bonne nouvelle, pourvu que cette revendication se fasse dans un souci d'équilibre entre les parents et non dans un esprit de revanche ou de compétition à l'égard des mères.

– *Est-ce que le juge peut fixer la résidence d'un enfant chez son papa et celle de son frère ou de sa sœur chez sa maman ?*

– En France, comme en Italie et en Suisse, la loi l'oblige à rechercher en priorité une solution permettant aux frères et sœurs de vivre ensemble. Précisons qu'en France cette loi a été adoptée sur une proposition du Parlement des enfants, en 1996.

– *Comment se décident les jours de visite dans la deuxième maison ?*

– En fonction de l'âge des enfants, de l'éloignement géographique et de la disponibilité des parents. La règle la plus courante est celle des week-ends impairs. Les premier, troisième et cinquième week-ends du mois sont réservés au parent qui n'a pas la résidence. Parfois, ce système est réduit à un week-end par mois, notamment lorsqu'il implique de longs déplacements en train ou en avion. Les périodes de vacances scolaires sont en général partagées en deux. Mais il n'existe aucune règle précise dans ce domaine. Les parents et le juge ont aujourd'hui la possibilité de retenir n'importe quel système qui leur paraît convenir à l'intérêt des enfants.

– Est-ce qu'on peut changer la résidence ou le rythme des visites si l'on en a envie ?

– Lorsque les parents se font confiance, c'est un point négociable, ponctuellement. Mais en principe, il faut obtenir l'accord du juge aux affaires familiales. Les lieux et les jours définis par le jugement sont obligatoires. Si l'un des parents ne s'y conforme pas, il commet un délit grave. On peut solliciter le juge à tout moment sur cette question, même plusieurs années après le divorce. Le problème se pose souvent à l'adolescence, à un âge où l'on se cherche et où l'on est tenté d'aller trouver des réponses du côté du parent qu'on a moins fréquenté durant son enfance.

– Et si, un week-end, c'est moi qui ne veux pas changer de maison ?

– Tu auras la possibilité de choisir ton lieu de résidence et d'imposer ton point de vue à ta majorité. En attendant, la loi s'impose à toi comme aux adultes. Dans la pratique, on laisse une certaine souplesse aux ados, pour commencer à s'organiser eux-mêmes. Mais je déconseille d'utiliser cette liberté comme un instrument de chantage à l'égard de ses parents, à l'occasion d'un conflit, par exemple. On a vite fait de se retrouver dans une position d'enjeu et d'otage, dans une histoire à laquelle on n'a pas à prendre part. Bien entendu, en cas de problèmes graves et répétés, tout enfant a le droit de demander à un juge de l'aider. Sa requête est alors examinée de façon indépendante, en dehors du divorce de ses parents. Un avocat spécialisé, payé par l'État, le reçoit, écoute son histoire, le conseille et prend sa défense s'il le faut.

– J'imagine qu'on ne peut pas le faire chaque fois qu'on a un problème avec ses parents...

– Non, bien sûr. Mais si un enfant se sent malheureux, qu'il est obligé de se plier à des règles qui ne lui plaisent pas et que ses parents n'arrivent pas à l'entendre ou à résoudre son problème, il ne doit pas hésiter à se tourner vers d'autres adultes.

– Je ne pensais pas que ces problèmes de jours et de maisons pouvaient être aussi compliqués.

– Ce n'est pas la seule difficulté à résoudre, loin de là ! Pour élever un enfant, il ne faut pas uniquement du temps et une maison, mais aussi de l'argent.

Quand les parents vivent ensemble, ils payent chacun leur part de toutes les dépenses du foyer, y compris celles qui concernent les enfants. Mais comment fait-on lorsqu'ils sont séparés ?

– *C'est simple ! Quand on est chez son papa, c'est lui qui nous paye ce dont on a besoin. Et quand on est chez sa maman, c'est elle, non ?*

– Hélas, ça ne marche pas lorsqu'il s'agit de payer un cours de théâtre, un club de foot, des vêtements, une colonie de vacances, un appareil dentaire ou tout simplement la cantine. Car ces choses répondent à des besoins étalés dans le temps : elles sont autant utiles chez papa que chez maman. C'est pourquoi, le plus souvent, on décide qu'un des parents réglera l'ensemble des dépenses et que l'autre lui versera chaque mois une somme d'argent fixe pour y participer.

– *Combien ?*

– Cela dépend de ce que chacun gagne.

– *C'est la pension alimentaire ?*

– On ne l'appelle plus comme cela car cet argent ne sert pas seulement à se nourrir. On parle aujourd'hui de « contribution à l'éducation et à l'entretien des enfants ».

– *Et on dirait que c'est souvent un problème…*

– Tu as raison. Que de discussions autour de ce chèque ! L'argent est destiné aux enfants, mais c'est un des parents qui le reçoit. Or, comment contrôler précisément de quelle façon il est dépensé ? Celui qui paye a parfois le sentiment que l'autre en tire quelques avantages pour lui… Le plus difficile est sans doute de comprendre que cette somme ne représente pas l'addition des gommes, des chaussettes ou des frais de cantine, mais qu'il participe, de façon générale, au confort des enfants dans leur vie de tous les jours. Trop d'adultes font malheureusement de la contribution un enjeu entre eux et rechignent à la payer. Ils en oublient que tous les enfants ont droit au meilleur de ce que leurs deux parents sont en mesure de leur offrir, tous les jours.

– Mais si celui qui doit verser une contribution n'a plus d'argent ?

– La première mission d'un parent consiste à trouver les moyens d'élever dignement ses enfants. Si l'un des deux traverse une période difficile, liée à une perte d'emploi ou à une maladie par exemple, la somme prévue est diminuée, s'il le demande et s'il apporte la preuve de ses difficultés. En donnant ce que ses moyens lui permettent, il montrera qu'il ne renonce pas à élever ses enfants. Dans le cas contraire, s'il n'apporte plus aucune contribution sans autorisation du juge, il commet un délit dont les conséquences peuvent être graves. Cela s'appelle un « abandon de famille ».

– Je pense maintenant que, pour éviter tous ces ennuis, il vaut mieux se séparer sans divorcer devant un juge…

– Mais ce n'est pas la justice qui invente ces problèmes ! C'est l'absence de dialogue et de respect entre les parents. Dès lors qu'on se sépare, il faut de toute façon organiser la nouvelle vie en tenant compte de l'intérêt de chaque membre de la famille. Deux personnes, dont l'une est souvent blessée par la rupture qu'elle subit, doivent accepter de négocier. Si les juges et les avocats ne leur imposaient pas des règles quelquefois contraignantes, ce serait bien pire…

– Mais il y a trop d'obligations ! Une fois que le divorce est jugé, on n'a plus le droit de rien changer…

– La plupart des parents apprennent à discuter et à trouver entre eux des solutions sages lorsqu'ils constatent que quelque chose ne va pas. Et s'ils n'y arrivent pas, ils retournent voir le juge…

– Ça ne s'arrête donc jamais ?

– Non, puisque la vie continue… Les enfants grandissent, affirment leur propre point de vue et leurs exigences, des parents refont leur vie ailleurs, se remarient, changent de travail, gagnent davantage ou moins d'argent. Il faut parfois faire de la place pour accueillir des beaux-parents, leurs enfants, voire des demi-frères ou des demi-sœurs… Les règles qu'on se fixe doivent pouvoir s'adapter à tous ces changements.

– *Tout cela pour en arriver là ! Si je comprends bien, on fait participer des juges, des avocats, des médiateurs, des experts, on se dispute parfois des années, simplement pour aboutir à un jugement qui ne voudra peut-être plus rien dire dès que chacun sera passé à autre chose ?*

– Il y a un peu de cela, tout au moins chaque fois que l'on attend de la justice autre chose que ce qu'elle est en mesure de donner. Car elle n'apaise pas les douleurs du divorce, ne soigne pas les blessures d'amour-propre, ne répare pas la culpabilité, n'offre aucun outil pour se venger. Elle ne fournit pas de solution idéale, pas de réponse aux questions morales. En revanche, elle propose un cadre pour résoudre les conflits sans violence, protège les plus faibles, en particulier les enfants, contre la loi du plus fort, elle est amenée à sanctionner les comportements dangereux, rappelle leurs devoirs familiaux à ceux qui les oublient, impose le respect de la loi à ceux qui s'en écartent. Parce que les êtres humains ne sont pas des robots, parce que, en eux, les émotions et la raison se livrent une drôle de bataille, nous aurons toujours besoin de la justice. A chacun de respecter son rôle et d'en tirer le meilleur usage…

Les nouvelles familles

– Et après ? Une fois la rupture digérée, le divorce prononcé, est-on enfin plus heureux qu'avant ?

– Une chose est sûre, à mesure que l'on reprend confiance en soi, on découvre l'infinité des chemins de vie qui s'offrent à nous. Tout devient possible, tout est à reconstruire, en commençant par soi-même.

– Comment cela ?

– Ce que l'on fait de sa vie, en bien ou en mal, ne dépend plus de quelqu'un d'autre. On porte seul la responsabilité de ce qui nous arrive. Il est donc important de savoir ce que l'on veut. A-t-on envie de former un nouveau couple ? De refonder une famille ? De vivre ailleurs ? Il faut réfléchir aux choix qu'on a effectués jusque-là, s'interroger avec lucidité sur ses erreurs passées pour mieux vaincre les défauts ou les doutes qui ont pu y conduire. Il faut apprendre à se remettre en cause. Lorsqu'on y parvient, je crois qu'on libère en soi des forces endormies : on grandit, on se sent plus fort qu'avant, on commence à s'épanouir…

– Même lorsqu'on n'a pas choisi la séparation ?

– Cela prend peut-être un peu plus de temps. Si l'on a subi la rupture, on a vécu une trahison et une humiliation profondes. On a entendu sur soi des choses désagréables qui ont ébranlé notre confiance. On doute de sa capacité à aimer et à se faire aimer à nouveau. Le fait de se retrouver seul révèle parfois de sérieuses difficultés à vivre et à se prendre en charge. La remise en cause qui suit le divorce fournit alors l'occasion de s'attaquer à ces faiblesses. On en vient presque toujours à bout avec du temps, de la volonté et – pourquoi pas ? – l'aide d'un psychothérapeute.

– Dans certains cas, on est donc plus malheureux qu'avant.

– Pendant quelques mois, il est inévitable qu'on se sente tout « retourné ». Mais curieusement, même lorsqu'on a lutté de toutes ses forces contre la rupture, on éprouve aussi une sorte de soulagement une fois le divorce prononcé. C'est un sentiment souvent partagé par les enfants qui ont été mêlés de près aux conflits de leurs parents. On peut s'abandonner à la nouvelle situation, éventuellement s'avouer qu'elle était inévitable. On flotte entre tristesse et apaisement, comme après une très grosse crise de larmes, avant de retrouver le sens de l'action. Les enfants en sortent plus vite que les adultes. Ils récupèrent leur joie de vivre et dissimulent mal leur impatience devant un parent qui se laisse aller, continue de ressasser le passé ou manifeste des sautes d'humeur aussi violentes qu'imprévisibles. Ils n'ont d'ailleurs aucune raison de s'en cacher : c'est précisément au contact de cette énergie qu'un adulte réapprend à donner et à recevoir de l'amour, qu'il se ressource et puise la force de reconstruire sa vie.

– *Reconstruire sa vie, cela veut-il dire se remettre avec quelqu'un ?*

– Non, pas nécessairement. Cela signifie qu'on fait le tri des choses qui nous plaisent et de celles dont on ne veut plus. Si l'on n'a plus envie, à ce moment-là, d'être en couple, on peut reconstruire sa vie en choisissant de rester seul.

– *Cela peut être un choix ?*

– Après une rupture, le célibat offre une respiration. C'est l'occasion de faire le ménage à l'intérieur de soi, de jeter aux oubliettes les souvenirs qui nous encombrent et de faire de la place pour accueillir les nouveaux projets. Surtout, cela permet de se rendre à nouveau disponible pour ses enfants. Et c'est sans doute ce dont chacun a le plus besoin après la tourmente du divorce. On se redonne du temps pour se parler, pour jouer, pour partager des émotions et des instants de bonheur, pour réinventer la complicité mise à mal par les tensions et les conflits.

– *Il est vrai qu'avec un parent seul, on fait beaucoup plus de choses qu'avant !*

– De nombreux pères, en particulier, comprennent à cette occasion la force de la relation qui les lie à leurs enfants. Ils se consacrent un peu moins à leur travail et se mettent à pratiquer des activités qu'ils s'interdisaient jusque-là : taper dans un ballon, aller à la piscine, participer aux devoirs, organiser une sortie ou un voyage en tête à tête. J'en connais quelques-uns pour qui ce fut une véritable révélation : grâce au divorce, ils se sont rendu compte à quel point ils adoraient s'occuper de leurs enfants. Il a fallu ce choc pour leur ouvrir les yeux…

– *Avec les mères également, on fait des choses nouvelles, mais j'ai l'impression qu'on se dispute davantage.*

– Ce n'est pas très étonnant. On a dit que, dans 85 % des cas, la résidence habituelle était fixée à leur domicile. La plupart d'entre elles portent donc seules sur leurs épaules la responsabilité de toute l'organisation domestique. Lorsqu'elles ont couru toute la journée, de leur travail à la sortie d'école, en passant par le supermarché, qu'elles ont donné les bains, surveillé les devoirs, fait tourner les machines et préparé le dîner, on peut comprendre qu'elles craquent certains soirs à la première contrariété. Et puis cette intimité permanente et exclusive entre un parent et ses enfants, lorsqu'il gère seul le quotidien, devient vite envahissante. On se dispute parfois parce qu'on n'en peut plus de vivre trop collés les uns aux autres. On manque d'air… Le problème se pose exactement de la même manière avec un père célibataire, si l'on vit avec lui tous les jours. Mais ce cas de figure est tout simplement plus rare.

– Un parent seul et ses enfants, c'est ce qu'on appelle une famille monoparentale ?

– Oui, c'est le terme qui désigne un foyer composé d'un adulte élevant un ou plusieurs enfants. Moi, j'évite d'utiliser ce mot.

– Pourquoi ?

– Parce qu'on dirait un nom de maladie ! Plus sérieusement, je trouve qu'il donne une image fausse de ce qu'il veut décrire. Car si l'on se place du point de vue des enfants, une famille n'est « monoparentale » que si l'un des parents est décédé. Dans tous les autres cas, elle compte toujours deux parents, même si l'un des deux n'est pas là, même s'il n'intervient pas dans la vie de ses enfants. Parler de famille monoparentale, c'est suggérer l'idée qu'un des deux parents ne fait plus partie de la famille, qu'il compte pour quantité négligeable. Ce qui est faux, bien entendu. Il me paraît plus simple et plus clair d'utiliser le terme de « parent célibataire » pour décrire cette situation.

– Mais on ne reste pas forcément célibataire toute sa vie…

– En effet, on peut tomber amoureux et cela bouleverse certains équilibres, c'est vrai. Pour les enfants, il s'agit d'une situation étrange, dérangeante et le plus souvent nouvelle. Comme pendant la rupture, ils découvrent un comportement inhabituel chez un de leurs parents. Celui-ci redevient moins disponible, un peu égoïste, n'entend pas ce qu'on lui dit. Il rêve, il est ailleurs, rentre un soir dans un état d'exaltation incompréhensible et donne le lendemain des signes d'abattement terrible à cause d'un simple malentendu avec son amoureux(se). Et puis, si l'autre parent vit encore seul et semble en souffrir, le bonheur du premier paraît provocant. Il incarne une deuxième trahison dont les enfants ont peur de se rendre complices.

– Moi, je dirais qu'un parent amoureux est franchement agaçant. Il passe sa vie pendu au téléphone, fait des messes basses avec ses amis, met une heure à s'habiller chaque matin…

– Es-tu certain qu'un ado amoureux soit plus facile à vivre ?

– Non, mais pour un ado, au moins, c'est normal.

– Il n'y a pas de limite d'âge pour l'amour, heureusement. Mais ce qui te gêne le plus, n'est-ce pas l'évidence ainsi affichée que les parents ont une vie sexuelle ? Un homme dans le lit de sa mère ou une femme dans le lit de son père, cela renvoie à des choses un peu troublantes.

– En fait, je crois qu'on n'a pas envie de savoir ce qui se passe de ce côté-là…

– Et c'est une réaction très saine. Mais on ne peut pas non plus éviter de comprendre, dès lors qu'un de ses parents est amoureux, que la sexualité occupe une place importante dans sa vie et qu'elle contribue à son épanouissement. Cette révélation force de nombreux adolescents à sortir, plus tôt qu'ils ne l'auraient peut-être souhaité, du monde de l'enfance pour se projeter dans celui des adultes. Elle place parents et enfants en position de rivalité au moment critique où ces derniers s'efforcent de s'approprier leur sexualité, à leur rythme et à leur manière.

– Je me demande surtout si l'on n'a pas peur, lorsqu'on s'engage avec une nouvelle personne, de revivre les mêmes problèmes qu'avant.

– Une relation amoureuse n'implique pas toujours un projet de vie commune. Elle peut s'épanouir hors du foyer, rester secrète, se consumer en quelques jours ou quelques mois sans qu'on puisse en rien la comparer avec ce qui s'est passé précédemment, lorsqu'il s'agissait de bâtir une famille.

– Mais lorsqu'on souhaite vivre ensemble, n'a-t-on pas peur d'aboutir à un nouveau divorce au bout de quelques années ?

– La peur n'évite pas le danger… L'aveuglement non plus. Il est vrai que certains adultes ont une surprenante faculté à reproduire dans leur vie des situations ou des erreurs identiques, sans jamais reconnaître leur responsabilité dans ces échecs répétés. Lorsqu'on refuse de réfléchir sur soi-même et de se remettre en cause, lorsqu'on préfère accuser l'autre parent de tous les torts de la séparation, même après plusieurs années, pour éviter de se poser des questions sur soi, on court le risque d'entendre un jour les mêmes reproches dans la bouche de quelqu'un d'autre. A l'inverse, si l'on a su tirer les leçons du divorce, que l'on s'est forcé à comprendre et à maîtriser ses réactions, à corriger ses défauts, alors on devient capable de faire de son nouveau couple une aventure différente et passionnante.

– Ce qui me dérange, c'est quand on décide du jour au lendemain que telle ou telle personne fait désormais partie de la famille. Pour moi, la famille, ça ne se décrète pas.

– Non, ça se construit chaque jour, ça se compose et se recompose. C'est pour cette raison que l'on parle de famille « recomposée » pour désigner un foyer où vivent un parent, un beau-parent et, parfois, ses enfants ou ceux d'un nouveau couple.

– Je comprends qu'un parent soit amoureux. Mais est-ce une raison suffisante pour qu'on aime tous la même personne, au même moment ?

– Je suppose que tu veux parler de l'arrivée d'un beau-père ou d'une belle-mère dans le cercle de famille ? En fait, on n'est jamais obligé d'aimer un beau-parent. Je dirais même que le titre de « beau-père » ou de « belle-mère » se mérite. Il est ridicule de l'accorder à quelqu'un qui n'a rien donné de lui-même aux enfants qu'il côtoie. Réciproquement : celui-ci n'est pas forcé d'aimer dès le premier jour des beaux-enfants qu'il ne connaît pas et avec lesquels il n'a pas encore d'histoire commune. Cependant, on ne choisit pas ses parents, et l'on ne choisit pas plus ses beaux-parents. Ce qu'on a dit lors de la rupture demeure valable au moment où un nouveau couple se forme : certaines décisions des adultes ne sont pas accessibles aux enfants. Et n'oublions pas qu'une relation sincère ne peut se construire en cinq minutes…

– Mais les beaux-parents ont-ils le droit de nous commander, par exemple ?

– Du point de vue de la loi, en France, ils n'ont aucun droit ni aucun devoir envers les enfants dont ils partagent la vie. Le Code civil ne les évoque même pas ! Mais au regard de la morale, ils ont parfaitement le droit, et même le devoir, de « commander », comme tu dis, leurs beaux-enfants puisqu'ils représentent auprès d'eux une autorité adulte, au même titre qu'un enseignant. Pour beaucoup d'entre eux, cet engagement va plus loin. J'en connais qui assument de larges responsabilités à l'égard de leurs beaux-enfants, participent financièrement à leur éducation, s'investissent dans leur scolarité et dans leurs activités, sans rien demander en retour ni jamais se prendre pour des parents…

– Qu'ils ne sont pas…

– Je ne m'inquiète pas… Vous savez comment le leur rappeler, si nécessaire. Mais je crois que la question de l'autorité du beau-parent ne se pose plus dès l'instant où l'on a appris à s'apprivoiser, à se comprendre, voire à s'aimer. Car, avec du temps et quelques efforts, la relation entre enfants et beau-parent peut aussi se révéler importante, forte, voire vitale de part et d'autre.

– C'est sans doute vrai. Mais alors, pourquoi les belles-mères sont-elles toujours méchantes dans les contes de fées ?

– La tradition populaire n'est pas tendre avec les beaux-parents, c'est juste. Les beaux-pères y sont dépeints comme des êtres autoritaires et violents, les belles-mères comme des femmes jalouses et cruelles. Dans *Blanche-Neige*, la marâtre va jusqu'à empoisonner sa belle-fille et rêve de manger son cœur. Mais peut-être faut-il voir dans ces personnages terrifiants autre chose que de simples beaux-parents. Dans les contes, ils symbolisent plutôt la part obscure de chaque parent, celle qui étouffe et empêche de grandir, celle que l'enfant doit vaincre et surmonter pour devenir lui-même adulte et conquérir la princesse ou rencontrer le prince charmant.

– En tout cas, ce que les contes ne disent pas, c'est qu'à la fin des histoires d'amour d'aujourd'hui, les parents se séparent puis se remarient avec un beau-parent et qu'ils ont ensemble beaucoup d'enfants. Mais comme ils en avaient déjà chacun de leur côté, ils se retrouvent avec une drôle de tribu à laquelle personne ne comprend rien…

– C'est vrai, je crois qu'il faudrait corriger certains contes… Mais quand on évoque ces familles à géométrie variable, on entre dans le premier chapitre d'une nouvelle histoire qui mériterait de longs développements. Précisons simplement que cette nouvelle aventure n'est pas de tout repos… Même si elle se déroule dans un climat apaisé, autour d'un couple amoureux et plein d'enthousiasme, elle n'en comporte pas moins des épreuves qui peuvent à nouveau bouleverser l'équilibre des uns et des autres…

– C'est vrai, lorsqu'on a commencé à vivre ici tous ensemble, je me souviens que je n'arrêtais pas de pleurer sans raison…

– Rassure-toi, il y a mille raisons de pleurer à ce moment-là. Pas forcément de tristesse, mais aussi de fatigue, d'émotion, de peur. C'est une façon comme une autre de réagir à l'ouragan qui se met à souffler lorsque se construit la famille recomposée. Imagine : pour commencer, les places entre frères et sœurs sont toutes redistribuées. L'aîné ou le petit dernier perdent d'un coup leurs privilèges habituels quand ils se retrouvent au milieu d'une tribu élargie. Les principes qu'on avait appris à respecter à la maison sont remis en cause par les manies des nouveaux venus. Il y a de l'agitation, il y a du bruit, il faut se battre pour se faire respecter. L'ancienne famille, avec ses habitudes et ses usages, est cette fois-ci définitivement enterrée, de façon beaucoup plus franche qu'après la rupture des parents. On entre dans un univers différent, peuplé d'une foule de nouveaux personnages, car chacun a amené avec lui sa communauté, sa famille, ses amis. De nouveaux grands-parents font leur apparition, des oncles et des tantes, des cousins... Pire : il arrive qu'un bébé débarque un beau matin dans ce maelström, réclamant avec force, comme il se doit, que le monde entier ne s'intéresse plus qu'à lui. Et pour ne rien arranger, c'est aussi le moment retenu pour organiser un nouveau déménagement, de façon à pouvoir accueillir tout ce petit groupe. On a beau avoir une confiance absolue dans le parent qui nous entraîne au cœur d'une telle aventure, il me paraît normal de se sentir certains jours un peu dépassé.

– Nous n'en sommes plus là aujourd'hui. Ici, entre nous, on s'entend bien, on partage tout. Et pourtant, nous n'avons même pas de nom pour nous désigner. On ne peut pas dire frères ni demi-frères... Est-ce que nous ne sommes rien ?

– Certainement pas. Les enfants qui vivent ensemble sans avoir de parent commun sont de plus en plus souvent appelés des « quarts de frère ou sœur ». Mais cette expression n'est pas comprise par tout le monde. Et le mot « quart » semble dire que cette relation ne vaut pas grand-chose. On mesure là comment les mots nous piègent et nous imposent une façon de voir le monde qui ne correspond pas toujours à ce que l'on ressent. On l'a déjà vu avec l'adjectif « monoparental ». Faut-il préciser que les beaux-parents ne sont pas toujours aussi beaux que leur nom veut le faire croire ?

– C'est vrai, on dirait que, dans la langue française, il n'existe que des familles normales : papa, maman et deux enfants...

– Encore un mot glissant ! Doit-on comprendre que les familles recomposées sont anormales ?

– Alors, disons des familles « traditionnelles »...

– Mais à quelles traditions fais-tu allusion ? Celles-ci ont beaucoup évolué au cours des siècles. Et si l'on voit dans la famille unie une forme de tradition, cela veut-il dire que les familles éclatées sont plus « modernes », plus abouties que les autres ? Personnellement, je ne crois pas. Il faut avoir conscience que la plupart des mots que nous utilisons pour parler de ces sujets sont inadaptés. Contentons-nous d'être assez attentifs pour éviter de dire le contraire de ce que nous pensons.

– Mais est-on obligé de raconter à tout le monde comment on vit lorsqu'on nous le demande ?

– Il n'y a aucune honte à avoir, aucune raison de cacher sa famille parce qu'elle possède un fonctionnement particulier. Pour autant, en parler n'est jamais une obligation. Certaines personnes ont encore du mal à imaginer qu'on peut grandir heureux dans deux foyers, aimé de ses parents, entouré d'enfants et d'adultes avec lesquels on noue de fortes relations affectives. Lorsqu'ils rencontrent une difficulté dans la vie, les enfants de parents séparés ont l'habitude d'entendre de bonnes âmes leur expliquer que tout est de la faute du divorce. De mauvais résultats à l'école ? C'est la faute du divorce. Des bagarres entre frères ? C'est aussi la faute du divorce. Une dispute avec un parent ? C'est encore la faute du divorce. Tout cela est ridicule. Car la qualité d'une famille ne dépend pas de son statut légal mais de la quantité d'amour et de confiance qui s'y transmet d'une génération à l'autre.

– *Même lorsqu'elle est en plusieurs morceaux ?*

– Qu'elle soit composée de plusieurs blocs ou d'un seul, on ne possède qu'une seule famille. On ne perd pas ses parents parce qu'ils divorcent : ils restent là, présents, tout proches, s'efforçant de donner le meilleur d'eux-mêmes chaque fois qu'on les voit. On les garde bien au chaud dans son cœur pour s'en servir à tour de rôle et s'enrichir ainsi de leurs différences. Le divorce ne supprime pas la famille, il l'élargit, transforme le noyau d'où l'on vient en réseau aux connexions multiples. Dès lors qu'en chaque point de ce réseau se trouve un foyer chaleureux, où l'on se sait attendu et aimé, un lieu ouvert où s'arrêter pour se réchauffer, se reposer ou se ressourcer, alors on peut s'élancer sans crainte et naviguer en confiance…

Table

RÉALISATION : PAO ÉDITIONS DU SEUIL
IMPRESSION : NORMANDIE-ROTO S.A.S. À LONRAI (61250)
DÉPÔT LÉGAL : AVRIL 2003. N° 58512 (03-0697)
IMPRIMÉ EN FRANCE

DANS LA MÊME SÉRIE

Tahar Ben Jelloun
Le Racisme expliqué à ma fille

Régis Debray
La République expliquée à ma fille

Max Gallo
L'Amour de la France expliqué à mon fils

Sami Naïr
L'Immigration expliquée à ma fille

Jacques Duquesne
Dieu expliqué à mes petits-enfants

Jean Ziegler
La Faim dans le monde expliquée à mon fils

Lucie Aubrac
La Résistance expliquée à mes petits-enfants

Annette Wieviorka
Auschwitz expliqué à ma fille

Nicole Bacharan et Dominique Simonnet
L'Amour expliqué à nos enfants

Jacques Semelin
La Non-violence expliquée à mes filles

Jérôme Clément
La Culture expliquée à ma fille

Roger-Pol Droit
Les Religions expliquées à ma fille

Henri Weber
La Gauche expliquée à mes filles

Jacky Mamou
L'Humanitaire expliqué à mes enfants

Jean Clottes
La Préhistoire expliquée à mes petits-enfants

Emmanuelle Huisman-Perrin
La Mort expliquée à ma fille